# ASTRONOMY OBSERVATION
## log book

_____

_____

_____

| NAME | |
|---|---|
| CONTACT NUMBER | |
| EMAIL | |
| COMPANY | |
| EMERGENCY DETAILS: | |

| NAME: | NAME: |
|---|---|
| CONTACT NUMBER: | CONTACT NUMBER |

Date ——— / ——— / ——— Time ———

Location ————————————————

Telescope ————————————————

Sky Conditions ————————————————

Object ————————————————

Finder

## Field Dawing

Low Power

High Power

| Mage: | Eyepiece: |
|---|---|
| Fov: | Filter: |

| Mage: | Eyepiece: |
|---|---|
| Fov: | Filter: |

## Notes

_____

_____

_____

_____

_____

_____

Date ——— / ——— / ——— Time ———

Location ————————————————

Telescope ————————————————

Sky Conditions ————————————————

Object ————————————————

Finder

Field Dawing

Low Power

High Power

| Mage: | Eyepiece: |
|-------|-----------|
| Fov: | Filter: |

| Mage: | Eyepiece: |
|-------|-----------|
| Fov: | Filter: |

Notes

————————————————
————————————————
————————————————
————————————————
————————————————
————————————————

Date —— / —— / —— Time ——————

Location ——————————————

Telescope ——————————————

Sky Conditions ——————————————

Object ——————————————

**Finder**

## Field Dawing

### Low Power

### High Power

| Mage: | Eyepiece: |
|-------|-----------|
| Fov: | Filter: |

| Mage: | Eyepiece: |
|-------|-----------|
| Fov: | Filter: |

## Notes

Date ——— / ——— / ——— Time ———

Location ————————————

Telescope ————————————

Sky Conditions ————————————

Object ————————————

Finder

| Field Dawing |

Low Power          High Power

| Mage: | Eyepiece: |
|-------|-----------|
| Fov:  | Filter:   |

| Mage: | Eyepiece: |
|-------|-----------|
| Fov:  | Filter:   |

**Notes**

_____

_____

_____

_____

_____

_____

Date ———— / ———— / ———— Time ————————

Location ———————————————————————

Telescope ——————————————————————

Sky Conditions ————————————————————

Object ————————————————————————

Finder

## Field Dawing

Low Power

High Power

| Mage: | Eyepiece: |
|-------|-----------|
| Fov: | Filter: |

| Mage: | Eyepiece: |
|-------|-----------|
| Fov: | Filter: |

## Notes

Date ——— / —— / ——— Time ———

Location ——————————————

Telescope ——————————————

Sky Conditions ——————————————

Object ——————————————

Finder

Field Dawing

Low Power

High Power

| Mage: | Eyepiece: |
|-------|-----------|
| Fov: | Filter: |

| Mage: | Eyepiece: |
|-------|-----------|
| Fov: | Filter: |

Notes

Date ——— / —— / ——— Time ———

Location ————————————————

Telescope ———————————————

Sky Conditions ————————————

Object ———————————————————

**Finder**

**Field Dawing**

**Low Power**

**High Power**

| Mage: | Eyepiece: |
|-------|-----------|
| Fov: | Filter: |

| Mage: | Eyepiece: |
|-------|-----------|
| Fov: | Filter: |

**Notes**

Date —— / —— / —— Time ——————

Location ————————————————

Telescope ————————————————

Sky Conditions ————————————————

Object ————————————————

**Finder**

**Field Dawing**

## Low Power

## High Power

| Mage: | Eyepiece: |
|-------|-----------|
| Fov: | Filter: |

| Mage: | Eyepiece: |
|-------|-----------|
| Fov: | Filter: |

**Notes**

Date —— / —— / —— Time ——
Location ————————
Telescope ————————
Sky Conditions ————————
Object ————————

Finder

Field Dawing

Low Power

High Power

| Mage: | Eyepiece: |
|-------|-----------|
| Fov: | Filter: |

| Mage: | Eyepiece: |
|-------|-----------|
| Fov: | Filter: |

**Notes**

Date ——— / —— / —— Time ———

Location ————————————————

Telescope ————————————————

Sky Conditions ————————————————

Object ————————————————

Finder

Field Dawing

Low Power

High Power

| Mage: | Eyepiece: |
|-------|-----------|
| Fov: | Filter: |

| Mage: | Eyepiece: |
|-------|-----------|
| Fov: | Filter: |

Notes

————————————————————————

————————————————————————

————————————————————————

————————————————————————

————————————————————————

————————————————————————

**Finder**

Date —— / —— / —— Time ——————
Location ——————————————
Telescope ——————————————
Sky Conditions ——————————
Object ——————————————

## Field Dawing

Low Power

High Power

| Mage: | Eyepiece: |
|-------|-----------|
| Fov: | Filter: |

| Mage: | Eyepiece: |
|-------|-----------|
| Fov: | Filter: |

## Notes

Date ——— / ——— / ——— Time ———

Location ———————————————

Telescope ———————————————

Sky Conditions ————————————

Object ———————————————

**Finder**

**Field Dawing**

Low Power                              High Power

| Mage: | Eyepiece: |
|-------|-----------|
| Fov:  | Filter:   |

| Mage: | Eyepiece: |
|-------|-----------|
| Fov:  | Filter:   |

**Notes**

Date —— / —— / —— Time ————

Location ———————————————

Telescope ———————————————

Sky Conditions ———————————————

Object ———————————————

**Finder**

**Field Dawing**

Low Power | High Power

| Mage: | Eyepiece: |
|-------|-----------|
| Fov: | Filter: |

| Mage: | Eyepiece: |
|-------|-----------|
| Fov: | Filter: |

**Notes**

Date ——— / ——— / ——— Time ————

Location ————————————

Telescope ————————————

Sky Conditions ————————————

Object ————————————

**Finder**

Low Power | High Power

| Mage: | Eyepiece: |
|---|---|
| Fov: | Filter: |

| Mage: | Eyepiece: |
|---|---|
| Fov: | Filter: |

**Notes**

Date ——— / —— / ——— Time ———

Location ————————————————

Telescope ————————————————

Sky Conditions ————————————————

Object ————————————————

Finder

Field Dawing

Low Power

High Power

| Mage: | Eyepiece: |
|---|---|
| Fov: | Filter: |

| Mage: | Eyepiece: |
|---|---|
| Fov: | Filter: |

Notes

————————————————————————————
————————————————————————————
————————————————————————————
————————————————————————————
————————————————————————————
————————————————————————————

Date —— / —— / —— Time ——

Location ——————————————————

Telescope ——————————————————

Sky Conditions ——————————————————

Object ——————————————————

**Finder**

**Field Dawing**

Low Power | High Power

| Mage: | Eyepiece: |
|---|---|
| Fov: | Filter: |

| Mage: | Eyepiece: |
|---|---|
| Fov: | Filter: |

**Notes**

——————————————————————————————

——————————————————————————————

——————————————————————————————

——————————————————————————————

——————————————————————————————

——————————————————————————————

Date —— / —— / —— Time ————
Location ————————————
Telescope ————————————
Sky Conditions ————————————
Object ————————————

Finder

## Field Dawing

Low Power

High Power

| Mage: | Eyepiece: |
|-------|-----------|
| Fov: | Filter: |

| Mage: | Eyepiece: |
|-------|-----------|
| Fov: | Filter: |

## Notes

Date ——— / ——— / ——— Time ———

Location ———————————————

Telescope ———————————————

Sky Conditions ———————————————

Object ———————————————

**Finder**

**Field Dawing**

Low Power

High Power

| Mage: | Eyepiece: |
|-------|-----------|
| Fov: | Filter: |

| Mage: | Eyepiece: |
|-------|-----------|
| Fov: | Filter: |

**Notes**

Date ——— / ——— / ——— Time ———

Location ———————————

Telescope ———————————

Sky Conditions ———————————

Object ———————————

Finder

**Field Dawing**

Low Power

High Power

| Mage: | Eyepiece: |
|-------|-----------|
| Fov: | Filter: |

| Mage: | Eyepiece: |
|-------|-----------|
| Fov: | Filter: |

**Notes**

Date ——— / —— / —— Time ———

Location ————————————

Telescope ————————————

Sky Conditions ————————————

Object ————————————

Finder

Field Dawing

Low Power High Power

| Mage: | Eyepiece: |
|---|---|
| Fov: | Filter: |

| Mage: | Eyepiece: |
|---|---|
| Fov: | Filter: |

Notes

Date —— / —— / —— Time ——

Location ——————————

Telescope ——————————

Sky Conditions ——————————

Object ——————————

Finder

## Field Dawing

### Low Power

### High Power

| Mage: | Eyepiece: |
|---|---|
| Fov: | Filter: |

| Mage: | Eyepiece: |
|---|---|
| Fov: | Filter: |

## Notes

Date ——— / —— / —— Time ————

Location ————————————

Telescope ————————————

Sky Conditions ————————————

Object ————————————

Finder

Field Dawing

Low Power

High Power

| Mage: | Eyepiece: |
|-------|-----------|
| Fov: | Filter: |

| Mage: | Eyepiece: |
|-------|-----------|
| Fov: | Filter: |

Notes

——————————————————————
——————————————————————
——————————————————————
——————————————————————
——————————————————————
——————————————————————

Date ——— / —— / ——— Time ———

Location ————————————

Telescope ————————————

Sky Conditions ————————————

Object ————————————

Finder

Field Dawing

Low Power

High Power

| Mage: | Eyepiece: |
|-------|-----------|
| Fov: | Filter: |

| Mage: | Eyepiece: |
|-------|-----------|
| Fov: | Filter: |

Notes

_____

_____

_____

_____

_____

_____

Date ——— / ——— / ——— Time ———

Location ————————————

Telescope ————————————

Sky Conditions ————————————

Object ————————————

Finder

**Field Dawing**

Low Power

High Power

| Mage: | Eyepiece: |
|-------|-----------|
| Fov: | Filter: |

| Mage: | Eyepiece: |
|-------|-----------|
| Fov: | Filter: |

**Notes**

Date ———— / ———— / ———— Time ————————

Location ——————————————

Telescope ——————————————

Sky Conditions ——————————————

Object ——————————————

Finder

## Field Dawing

Low Power

High Power

| Mage: | Eyepiece: |
|-------|-----------|
| Fov:  | Filter:   |

| Mage: | Eyepiece: |
|-------|-----------|
| Fov:  | Filter:   |

## Notes

_____

_____

_____

_____

_____

_____

Date ——— / —— / ———     Time ———

Location ————————————————

Telescope ———————————————

Sky Conditions ————————————

Object ——————————————————

**Finder**

**Field Dawing**

Low Power            High Power

| Mage: | Eyepiece: |
|-------|-----------|
| Fov:  | Filter:   |

| Mage: | Eyepiece: |
|-------|-----------|
| Fov:  | Filter:   |

**Notes**

————————————————————————

————————————————————————

————————————————————————

————————————————————————

————————————————————————

Date ———— / —— / ———— Time ————

Location ————————————

Telescope ————————————

Sky Conditions ————————————

Object ————————————

**Finder**

**Field Dawing**

Low Power | High Power

| Mage: | Eyepiece: |
|---|---|
| Fov: | Filter: |

| Mage: | Eyepiece: |
|---|---|
| Fov: | Filter: |

**Notes**

Finder

Date ——— / —— / ——— Time ———
Location ————————————————
Telescope ————————————————
Sky Conditions ————————————
Object ————————————————

Field Dawing

Low Power

High Power

| Mage: | Eyepiece: |
|-------|-----------|
| Fov: | Filter: |

| Mage: | Eyepiece: |
|-------|-----------|
| Fov: | Filter: |

Notes

Date ———— / ———— / ———— Time ————————

Location ——————————————————

Telescope ——————————————————

Sky Conditions ——————————————————

Object ——————————————————

Finder

**Field Dawing**

Low Power

High Power

| Mage: | Eyepiece: |
|-------|-----------|
| Fov: | Filter: |

| Mage: | Eyepiece: |
|-------|-----------|
| Fov: | Filter: |

**Notes**

Date ———— / ———— / ———— Time ————

Location ————————————————

Telescope ————————————————

Sky Conditions ————————————————

Object ————————————————

**Finder**

**Field Dawing**

Low Power

High Power

| Mage: | Eyepiece: |
|---|---|
| Fov: | Filter: |

| Mage: | Eyepiece: |
|---|---|
| Fov: | Filter: |

**Notes**

Date ———— / ———— / ———— Time ————————

Location ————————————————————

Telescope ————————————————————

Sky Conditions ————————————————

Object ————————————————————

Finder

**Field Dawing**

Low Power

High Power

| Mage: | Eyepiece: |
|-------|-----------|
| Fov: | Filter: |

| Mage: | Eyepiece: |
|-------|-----------|
| Fov: | Filter: |

**Notes**

Date ——— / ——— / ——— Time ———

Location ————————————

Telescope ————————————

Sky Conditions ————————————

Object ————————————

Finder

**Field Dawing**

Low Power | High Power

| Mage: | Eyepiece: |
|--------|-----------|
| Fov: | Filter: |

| Mage: | Eyepiece: |
|--------|-----------|
| Fov: | Filter: |

**Notes**

Date ———/——/—— Time ———

Location ———————————

Telescope ———————————

Sky Conditions ———————————

Object ———————————

**Finder**

## Field Dawing

Low Power High Power

| Mage: | Eyepiece: |
|-------|-----------|
| Fov: | Filter: |

| Mage: | Eyepiece: |
|-------|-----------|
| Fov: | Filter: |

## Notes

_____

_____

_____

_____

_____

_____

Date ———— / —— / ———— Time ————

Location ————————————————

Telescope ————————————————

Sky Conditions ————————————————

Object ————————————————

**Finder**

**Field Dawing**

Low Power

High Power

| Mage: | Eyepiece: |
|-------|-----------|
| Fov:  | Filter:   |

| Mage: | Eyepiece: |
|-------|-----------|
| Fov:  | Filter:   |

**Notes**

Date ——— / ——— / ——— Time ———

Location ————————————

Telescope ————————————

Sky Conditions ————————————

Object ————————————

Finder

Field Dawing

Low Power

High Power

| Mage: | Eyepiece: |
|-------|-----------|
| Fov: | Filter: |

| Mage: | Eyepiece: |
|-------|-----------|
| Fov: | Filter: |

Notes

Date ——— / ——— / ——— Time ———

Location ———————————————

Telescope ———————————————

Sky Conditions ———————————————

Object ———————————————

**Finder**

Low Power                    High Power

| Mage: | Eyepiece: |
|-------|-----------|
| Fov: | Filter: |

| Mage: | Eyepiece: |
|-------|-----------|
| Fov: | Filter: |

**Notes**

Date ———— / ———— / ———— Time ————————

Location ————————————————

Telescope ————————————————

Sky Conditions ————————————————

Object ————————————————

Finder

## Field Dawing

Low Power                           High Power

| Mage: | Eyepiece: |
|-------|-----------|
| Fov:  | Filter:   |

| Mage: | Eyepiece: |
|-------|-----------|
| Fov:  | Filter:   |

## Notes

————————————————————————————————

————————————————————————————————

————————————————————————————————

————————————————————————————————

————————————————————————————————

————————————————————————————————

Date ——— / —— / ——— Time ———

Location ————————————————

Telescope ————————————————

Sky Conditions ————————————————

Object ————————————————

**Finder**

**Field Dawing**

Low Power                    High Power

| Mage: | Eyepiece: |
|-------|-----------|
| Fov:  | Filter:   |

| Mage: | Eyepiece: |
|-------|-----------|
| Fov:  | Filter:   |

**Notes**

Date —— / —— / —— Time ————

Location ——————————————

Telescope ——————————————

Sky Conditions ——————————————

Object ——————————————

**Finder**

**Field Dawing**

Low Power

High Power

| Mage: | Eyepiece: |
|-------|-----------|
| Fov: | Filter: |

| Mage: | Eyepiece: |
|-------|-----------|
| Fov: | Filter: |

**Notes**

Date ———— / —— / —— Time ————

Location ————————————

Telescope ————————————

Sky Conditions ————————————

Object ————————————

**Finder**

**Field Dawing**

Low Power                    High Power

| Mage: | Eyepiece: |
|-------|-----------|
| Fov: | Filter: |

| Mage: | Eyepiece: |
|-------|-----------|
| Fov: | Filter: |

**Notes**

|  |  |  |  |
|---|---|---|---|
|  |  |  |  |
|  |  |  |  |
|  |  |  |  |

Finder

Date ———— / ———— / ———— Time ————————

Location ————————————————

Telescope ————————————————

Sky Conditions ————————————————

Object ————————————————

## Field Dawing

### Low Power

### High Power

| Mage: | Eyepiece: |
|---|---|
| Fov: | Filter: |

| Mage: | Eyepiece: |
|---|---|
| Fov: | Filter: |

## Notes

————————————————————————————
————————————————————————————
————————————————————————————
————————————————————————————
————————————————————————————
————————————————————————————

Date ——— / ——— / ——— Time ———

Location ————————————————

Telescope ————————————————

Sky Conditions ————————————————

Object ————————————————

Finder

Field Dawing

Low Power

High Power

| Mage: | Eyepiece: |
|-------|-----------|
| Fov: | Filter: |

| Mage: | Eyepiece: |
|-------|-----------|
| Fov: | Filter: |

Notes

————————————————————————

————————————————————————

————————————————————————

————————————————————————

————————————————————————

————————————————————————

Date ——— / —— / ——— Time ———————
Location ——————————————————————
Telescope ————————————————————
Sky Conditions ————————————————
Object ————————————————————————

Finder

Field Dawing

## Low Power

## High Power

| Mage: | Eyepiece: |
|-------|-----------|
| Fov: | Filter: |

| Mage: | Eyepiece: |
|-------|-----------|
| Fov: | Filter: |

## Notes

Date ——— / —— / ——— Time ———

Location ————————————————

Telescope ————————————————

Sky Conditions ————————————————

Object ————————————————

**Finder**

**Field Dawing**

Low Power

High Power

| Mage: | Eyepiece: |
|-------|-----------|
| Fov: | Filter: |

| Mage: | Eyepiece: |
|-------|-----------|
| Fov: | Filter: |

**Notes**

Date —— / —— / —— Time ——————

Location ————————————————

Telescope ————————————————

Sky Conditions ————————————————

Object ————————————————

Finder

Field Dawing

Low Power

High Power

| Mage: | Eyepiece: |
|-------|-----------|
| Fov: | Filter: |

| Mage: | Eyepiece: |
|-------|-----------|
| Fov: | Filter: |

**Notes**

**Finder**

Date —— / —— / —— Time ——
Location ——————————————
Telescope ——————————————
Sky Conditions ————————————
Object ——————————————

**Field Dawing**

Low Power

High Power

| Mage: | Eyepiece: |
|---|---|
| Fov: | Filter: |

| Mage: | Eyepiece: |
|---|---|
| Fov: | Filter: |

**Notes**

Date ———— / —— / —— Time ————————

Location ————————————————

Telescope ————————————————

Sky Conditions ————————————

Object ————————————————

Finder

## Field Dawing

### Low Power

### High Power

| Mage: | Eyepiece: |
|-------|-----------|
| Fov: | Filter: |

| Mage: | Eyepiece: |
|-------|-----------|
| Fov: | Filter: |

## Notes

Date ——— / — / ——— Time ———

Location ————————————

Telescope ————————————

Sky Conditions ————————————

Object ————————————

Finder

**Field Dawing**

Low Power

High Power

| Mage: | Eyepiece: |
|-------|-----------|
| Fov: | Filter: |

| Mage: | Eyepiece: |
|-------|-----------|
| Fov: | Filter: |

**Notes**

Date —— / —— / —— Time ————

Location ————————————

Telescope ————————————

Sky Conditions ————————————

Object ————————————

Finder

### Field Dawing

Low Power

High Power

| Mage: | Eyepiece: |
|-------|-----------|
| Fov: | Filter: |

| Mage: | Eyepiece: |
|-------|-----------|
| Fov: | Filter: |

### Notes

Date —— / —— / ——     Time ——————

Location ———————————————

Telescope ———————————————

Sky Conditions ———————————

Object ———————————————

**Finder**

| | | | |
|---|---|---|---|
| | | | |
| | | | |
| | | | |

## Field Dawing

### Low Power

### High Power

| Mage: | Eyepiece: |
|-------|-----------|
| Fov: | Filter: |

| Mage: | Eyepiece: |
|-------|-----------|
| Fov: | Filter: |

## Notes

_____

_____

_____

_____

_____

Date —— / —— / —— Time ——

Location ———————————

Telescope ———————————

Sky Conditions ———————————

Object ———————————

Finder

Field Dawing

Low Power                High Power

| Mage: | Eyepiece: |
|-------|-----------|
| Fov: | Filter: |

| Mage: | Eyepiece: |
|-------|-----------|
| Fov: | Filter: |

Notes

Date ——— / ——— / ——— Time ———

Location ————————————————————

Telescope ———————————————————

Sky Conditions ——————————————

Object ——————————————————————

**Finder**

| | | | |
|---|---|---|---|
| | | | |
| | | | |
| | | | |

## Field Dawing

### Low Power

### High Power

| Mage: | Eyepiece: |
|---|---|
| Fov: | Filter: |

| Mage: | Eyepiece: |
|---|---|
| Fov: | Filter: |

## Notes

——————————————————————————————
——————————————————————————————
——————————————————————————————
——————————————————————————————
——————————————————————————————

Date ——— / —— / ——— Time ———

Location ———————————

Telescope ———————————

Sky Conditions ———————————

Object ———————————

Finder

## Field Dawing

Low Power

High Power

| Mage: | Eyepiece: |
|-------|-----------|
| Fov: | Filter: |

| Mage: | Eyepiece: |
|-------|-----------|
| Fov: | Filter: |

## Notes

Date ——— / —— / ——— Time ———

Location ————————————

Telescope ————————————

Sky Conditions ————————————

Object ————————————

Finder

| Field Dawing |

Low Power                     High Power

| Mage: | Eyepiece: |
|-------|-----------|
| Fov:  | Filter:   |

| Mage: | Eyepiece: |
|-------|-----------|
| Fov:  | Filter:   |

**Notes**

_____

_____

_____

_____

_____

Date ———— / ———— / ———— Time ————

Location ——————————————

Telescope ——————————————

Sky Conditions ——————————————

Object ——————————————

Finder

Field Dawing

Low Power

High Power

| Mage: | Eyepiece: |
|-------|-----------|
| Fov: | Filter: |

| Mage: | Eyepiece: |
|-------|-----------|
| Fov: | Filter: |

**Notes**

Date ——— / ——— / ——— Time ———

Location ————————————————

Telescope ————————————————

Sky Conditions ————————————————

Object ————————————————

**Finder**

**Field Dawing**

Low Power

High Power

| Mage: | Eyepiece: |
|-------|-----------|
| Fov: | Filter: |

| Mage: | Eyepiece: |
|-------|-----------|
| Fov: | Filter: |

**Notes**

Date ——— / — / — Time ———

Location _____

Telescope _____

Sky Conditions _____

Object _____

Finder

**Field Dawing**

Low Power                    High Power

| Mage: | Eyepiece: |
|-------|-----------|
| Fov:  | Filter:   |

| Mage: | Eyepiece: |
|-------|-----------|
| Fov:  | Filter:   |

**Notes**

_____
_____
_____
_____
_____
_____

Date ——— / —— / ——— Time ———

Location ——————————————————

Telescope ——————————————————

Sky Conditions ——————————————

Object ——————————————————

Finder

Field Dawing

Low Power                    High Power

| Mage: | Eyepiece: |
|-------|-----------|
| Fov: | Filter: |

| Mage: | Eyepiece: |
|-------|-----------|
| Fov: | Filter: |

Notes

Date ——— / ——— / ——— Time ———

Location ————————————————

Telescope ————————————————

Sky Conditions ————————————————

Object ————————————————

**Finder**

**Field Dawing**

Low Power                          High Power

| Mage: | Eyepiece: |
|-------|-----------|
| Fov: | Filter: |

| Mage: | Eyepiece: |
|-------|-----------|
| Fov: | Filter: |

**Notes**

_____

_____

_____

_____

_____

_____

| | | | |
|---|---|---|---|
| | | | |
| | | | |
| | | | |

Date ——— / ——— / ——— Time ———

Location ————————————

Telescope ————————————

Sky Conditions ————————————

Object ————————————

**Finder**

**Field Dawing**

Low Power                    High Power

| Mage: | Eyepiece: |
|---|---|
| Fov: | Filter: |

| Mage: | Eyepiece: |
|---|---|
| Fov: | Filter: |

**Notes**

_____
_____
_____
_____
_____
_____

Date ———— / ———— / ———— Time ————

Location ————————————————

Telescope ————————————————

Sky Conditions ————————————

Object ————————————————

Finder

Field Dawing

Low Power

High Power

| Mage: | Eyepiece: |
|-------|-----------|
| Fov: | Filter: |

| Mage: | Eyepiece: |
|-------|-----------|
| Fov: | Filter: |

Notes

_____

_____

_____

_____

_____

_____

Date ——— / —— / ——— Time ———

Location ————————————

Telescope ————————————

Sky Conditions ————————————

Object ————————————

**Finder**

**Field Dawing**

Low Power

High Power

| Mage: | Eyepiece: |
|-------|-----------|
| Fov: | Filter: |

| Mage: | Eyepiece: |
|-------|-----------|
| Fov: | Filter: |

**Notes**

Date ——— / ——— / ——— Time ———

Location ———————————

Telescope ———————————

Sky Conditions ———————————

Object ———————————

**Finder**

**Field Dawing**

Low Power                    High Power

| Mage: | Eyepiece: |
|-------|-----------|
| Fov: | Filter: |

| Mage: | Eyepiece: |
|-------|-----------|
| Fov: | Filter: |

**Notes**

Date —— / —— / —————  Time ————————

Location ——————————————————————

Telescope ——————————————————————

Sky Conditions ——————————————————

Object ——————————————————————

**Finder**

**Field Dawing**

Low Power                    High Power

| Mage: | Eyepiece: |
|-------|-----------|
| Fov:  | Filter:   |

| Mage: | Eyepiece: |
|-------|-----------|
| Fov:  | Filter:   |

**Notes**

————————————————————————————————
————————————————————————————————
————————————————————————————————
————————————————————————————————
————————————————————————————————
————————————————————————————————

Date —— / —— / ——     Time ——
Location ——————————————————
Telescope ——————————————————
Sky Conditions ——————————————————
Object ——————————————————

Finder

**Field Dawing**

Low Power               High Power

| Mage: | Eyepiece: |
|-------|-----------|
| Fov: | Filter: |

| Mage: | Eyepiece: |
|-------|-----------|
| Fov: | Filter: |

**Notes**

Date _____ / _____ / _____ Time _____

Location _____

Telescope _____

Sky Conditions _____

Object _____

Finder

Field Dawing

Low Power

High Power

| Mage: | Eyepiece: |
|-------|-----------|
| Fov: | Filter: |

| Mage: | Eyepiece: |
|-------|-----------|
| Fov: | Filter: |

Notes

_____
_____
_____
_____
_____
_____

Date ——— / ——— / ——— Time ———

Location ————————————————

Telescope ————————————————

Sky Conditions ————————————————

Object ————————————————

**Finder**

**Field Dawing**

Low Power

High Power

| Mage: | Eyepiece: |
|-------|-----------|
| Fov: | Filter: |

| Mage: | Eyepiece: |
|-------|-----------|
| Fov: | Filter: |

**Notes**

Date ——— / ——— / ——— Time ———

Location ————————————————

Telescope ————————————————

Sky Conditions ————————————————

Object ————————————————

Finder

Field Dawing

Low Power

High Power

| Mage: | Eyepiece: |
|---|---|
| Fov: | Filter: |

| Mage: | Eyepiece: |
|---|---|
| Fov: | Filter: |

Notes

————————————————————————
————————————————————————
————————————————————————
————————————————————————
————————————————————————
————————————————————————

Finder

Date ——— / ——— / ——— Time ———
Location ————————————————
Telescope ————————————————
Sky Conditions ————————————
Object ————————————————

Field Dawing

Low Power High Power

| Mage: | Eyepiece: |
|-------|-----------|
| Fov: | Filter: |

| Mage: | Eyepiece: |
|-------|-----------|
| Fov: | Filter: |

Notes

Date ——— / —— / —— ——— Time ———

Location ————————————————————

Telescope ————————————————————

Sky Conditions ————————————————————

Object ————————————————————

**Finder**

**Field Dawing**

Low Power

High Power

| Mage: | Eyepiece: |
|-------|-----------|
| Fov: | Filter: |

| Mage: | Eyepiece: |
|-------|-----------|
| Fov: | Filter: |

**Notes**

Date —— / —— / —— Time ——

Location ——————————————

Telescope ——————————————

Sky Conditions ——————————

Object ——————————————

**Finder**

**Field Dawing**

Low Power                     High Power

| Mage: | Eyepiece: |
|-------|-----------|
| Fov:  | Filter:   |

| Mage: | Eyepiece: |
|-------|-----------|
| Fov:  | Filter:   |

**Notes**

Date ——— / ——— / ——— Time ———

Location ——————————————

Telescope ——————————————

Sky Conditions ——————————————

Object ——————————————

Finder

**Field Dawing**

Low Power                              High Power

| Mage: | Eyepiece: |
|-------|-----------|
| Fov: | Filter: |

| Mage: | Eyepiece: |
|-------|-----------|
| Fov: | Filter: |

**Notes**

——————————————————————
——————————————————————
——————————————————————
——————————————————————
——————————————————————
——————————————————————

Date ——— / ——— / ——— Time ———

Location ————————————————

Telescope ————————————————

Sky Conditions ————————————————

Object ————————————————

**Finder**

**Field Dawing**

Low Power

High Power

| Mage: | Eyepiece: |
|-------|-----------|
| Fov: | Filter: |

| Mage: | Eyepiece: |
|-------|-----------|
| Fov: | Filter: |

**Notes**

|  |  |  |  |
|--|--|--|--|
|  |  |  |  |
|  |  |  |  |
|  |  |  |  |

**Finder**

Date —— / —— / —— Time ——
Location ————————————
Telescope ————————————
Sky Conditions ————————————
Object ————————————

**Field Dawing**

Low Power                    High Power

| Mage: | Eyepiece: |
|-------|-----------|
| Fov:  | Filter:   |

| Mage: | Eyepiece: |
|-------|-----------|
| Fov:  | Filter:   |

**Notes**

_____
_____
_____
_____
_____
_____

Date —— / —— / —— Time ——

Location ————————————

Telescope ————————————

Sky Conditions ————————————

Object ————————————

**Finder**

**Field Dawing**

Low Power

High Power

| Mage: | Eyepiece: |
|---|---|
| Fov: | Filter: |

| Mage: | Eyepiece: |
|---|---|
| Fov: | Filter: |

**Notes**

Date ——— / —— / ——— Time ———

Location ————————————————

Telescope ————————————————

Sky Conditions ————————————

Object ————————————————

**Finder**

**Field Dawing**

Low Power

High Power

| Mage: | Eyepiece: |
|-------|-----------|
| Fov: | Filter: |

| Mage: | Eyepiece: |
|-------|-----------|
| Fov: | Filter: |

**Notes**

Date ———— / —— / —— Time ————

Location _____

Telescope _____

Sky Conditions _____

Object _____

Finder

Field Dawing

Low Power                    High Power

| Mage: | Eyepiece: |
|-------|-----------|
| Fov: | Filter: |

| Mage: | Eyepiece: |
|-------|-----------|
| Fov: | Filter: |

Notes

Date ——— / —— / ——— Time ———

Location ————————————————

Telescope ————————————————

Sky Conditions ————————————

Object ————————————————

Finder

Field Dawing

Low Power

High Power

| Mage: | Eyepiece: |
|-------|-----------|
| Fov: | Filter: |

| Mage: | Eyepiece: |
|-------|-----------|
| Fov: | Filter: |

**Notes**

Finder

Date —— / —— / —— Time ——————
Location ——————————————————
Telescope ——————————————————
Sky Conditions ——————————————
Object ——————————————————

## Field Dawing

### Low Power

### High Power

| Mage: | Eyepiece: |
|-------|-----------|
| Fov: | Filter: |

| Mage: | Eyepiece: |
|-------|-----------|
| Fov: | Filter: |

## Notes

————————————————————————————————
————————————————————————————————
————————————————————————————————
————————————————————————————————
————————————————————————————————
————————————————————————————————

Date ———/——/—— Time ———

Location ————————————

Telescope ————————————

Sky Conditions ————————————

Object ————————————

Finder

Field Dawing

Low Power

High Power

| Mage: | Eyepiece: |
|-------|-----------|
| Fov: | Filter: |

| Mage: | Eyepiece: |
|-------|-----------|
| Fov: | Filter: |

Notes

Date ——— / ——— / ——— Time ———

Location ———————————————

Telescope ———————————————

Sky Conditions ———————————————

Object ———————————————

**Finder**

**Field Dawing**

Low Power                                    High Power

| Mage: | Eyepiece: |
|-------|-----------|
| Fov:  | Filter:   |

| Mage: | Eyepiece: |
|-------|-----------|
| Fov:  | Filter:   |

**Notes**

Date ——— / ——— / ——— Time ———

Location ————————————————

Telescope ————————————————

Sky Conditions ————————————————

Object ————————————————

Finder

Field Dawing

Low Power

High Power

| Mage: | Eyepiece: |
|-------|-----------|
| Fov: | Filter: |

| Mage: | Eyepiece: |
|-------|-----------|
| Fov: | Filter: |

Notes

| | | | |
|---|---|---|---|
| | | | |
| | | | |
| | | | |

**Finder**

Date ——— / —— / ——— Time ———

Location ———————————————————

Telescope ———————————————————

Sky Conditions ——————————————

Object ———————————————————

**Field Dawing**

### Low Power

### High Power

| Mage: | Eyepiece: |
|---|---|
| Fov: | Filter: |

| Mage: | Eyepiece: |
|---|---|
| Fov: | Filter: |

**Notes**

Date ——— / —— / ——— Time ———

Location ————————————

Telescope ————————————

Sky Conditions ————————————

Object ————————————

Finder

## Field Dawing

Low Power

High Power

| Mage: | Eyepiece: |
|-------|-----------|
| Fov: | Filter: |

| Mage: | Eyepiece: |
|-------|-----------|
| Fov: | Filter: |

## Notes

Date ——— / —— / —— Time ———

Location ————————————

Telescope ————————————

Sky Conditions ————————————

Object ————————————

**Finder**

**Field Dawing**

Low Power

High Power

| Mage: | Eyepiece: |
|-------|-----------|
| Fov: | Filter: |

| Mage: | Eyepiece: |
|-------|-----------|
| Fov: | Filter: |

**Notes**

Date ——— / —— / —— Time ———

Location ——————————————

Telescope ——————————————

Sky Conditions ——————————————

Object ——————————————

Finder

Field Dawing

Low Power

High Power

| Mage: | Eyepiece: |
|-------|-----------|
| Fov: | Filter: |

| Mage: | Eyepiece: |
|-------|-----------|
| Fov: | Filter: |

**Notes**

Date —— / —— / —— Time ——

Location ——————————————

Telescope ——————————————

Sky Conditions ——————————————

Object ——————————————

Finder

## Field Dawing

Low Power                    High Power

| Mage: | Eyepiece: |
|-------|-----------|
| Fov: | Filter: |

| Mage: | Eyepiece: |
|-------|-----------|
| Fov: | Filter: |

## Notes

Date ——— / ——— / ——— Time ———

Location ———————————————

Telescope ———————————————

Sky Conditions ———————————————

Object ———————————————

**Finder**

**Field Dawing**

Low Power        High Power

| **Mage:** | **Eyepiece:** |
|---|---|
| **Fov:** | **Filter:** |

| **Mage:** | **Eyepiece:** |
|---|---|
| **Fov:** | **Filter:** |

**Notes**

Date ———— / ———— / ———— Time ————
Location ————————————————
Telescope ————————————————
Sky Conditions ————————————————
Object ————————————————

Finder

## Field Dawing

Low Power

High Power

| Mage: | Eyepiece: |
|-------|-----------|
| Fov: | Filter: |

| Mage: | Eyepiece: |
|-------|-----------|
| Fov: | Filter: |

## Notes

Date ——— / ——— / ——— Time ———

Location ————————————————

Telescope ————————————————

Sky Conditions ————————————————

Object ————————————————

Finder

Field Dawing

Low Power

High Power

| Mage: | Eyepiece: |
|-------|-----------|
| Fov: | Filter: |

| Mage: | Eyepiece: |
|-------|-----------|
| Fov: | Filter: |

Notes

Date ——— / ——— / ——— Time ———
Location ————————————————
Telescope ————————————————
Sky Conditions ————————————————
Object ————————————————

Finder

Field Dawing

Low Power                    High Power

| Mage: | Eyepiece: |
|-------|-----------|
| Fov:  | Filter:   |

| Mage: | Eyepiece: |
|-------|-----------|
| Fov:  | Filter:   |

**Notes**

|  |  |  |  |
|---|---|---|---|
|  |  |  |  |
|  |  |  |  |
|  |  |  |  |

Finder

Date —— / —— / —— Time ——

Location ——————————

Telescope ——————————

Sky Conditions ——————————

Object ——————————

Field Dawing

Low Power    High Power

| Mage: | Eyepiece: |
|---|---|
| Fov: | Filter: |

| Mage: | Eyepiece: |
|---|---|
| Fov: | Filter: |

Notes

_____
_____
_____
_____
_____
_____

Date ——— / —— / —— Time ———

Location ————————————

Telescope ————————————

Sky Conditions ————————————

Object ————————————

Finder

## Field Dawing

Low Power                    High Power

| Mage: | Eyepiece: |
|-------|-----------|
| Fov:  | Filter:   |

| Mage: | Eyepiece: |
|-------|-----------|
| Fov:  | Filter:   |

## Notes

_____

_____

_____

_____

_____

_____

Date ——— / ——— / ——— Time ———

Location ————————————————

Telescope ————————————————

Sky Conditions ————————————

Object ————————————————

**Finder**

**Field Dawing**

Low Power                    High Power

| Mage: | Eyepiece: |
|-------|-----------|
| Fov:  | Filter:   |

| Mage: | Eyepiece: |
|-------|-----------|
| Fov:  | Filter:   |

**Notes**

Date ——— / —— / ——— Time ———

Location ———————————

Telescope ———————————

Sky Conditions ———————————

Object ———————————

Finder

## Field Dawing

Low Power

High Power

| Mage: | Eyepiece: |
|-------|-----------|
| Fov: | Filter: |

| Mage: | Eyepiece: |
|-------|-----------|
| Fov: | Filter: |

## Notes

—————————————————
—————————————————
—————————————————
—————————————————
—————————————————
—————————————————

Date —— / —— / —— Time ——

Location ——————————————

Telescope ——————————————

Sky Conditions ——————————————

Object ——————————————

**Finder**

**Field Dawing**

Low Power

High Power

| Mage: | Eyepiece: |
|-------|-----------|
| Fov: | Filter: |

| Mage: | Eyepiece: |
|-------|-----------|
| Fov: | Filter: |

**Notes**

Date ——— / —— / ——— Time ———

Location ———————————————

Telescope ———————————————

Sky Conditions ———————————————

Object ———————————————

**Finder**

**Field Dawing**

## Low Power

## High Power

| Mage: | Eyepiece: |
|-------|-----------|
| Fov: | Filter: |

| Mage: | Eyepiece: |
|-------|-----------|
| Fov: | Filter: |

**Notes**

|  |  |  |  |
|--|--|--|--|
|  |  |  |  |
|  |  |  |  |
|  |  |  |  |

Finder

Date ——— / —— / ——— Time ———

Location ——————————————

Telescope ——————————————

Sky Conditions ——————————————

Object ——————————————

**Field Dawing**

Low Power

High Power

| Mage: | Eyepiece: |
|-------|-----------|
| Fov:  | Filter:   |

| Mage: | Eyepiece: |
|-------|-----------|
| Fov:  | Filter:   |

**Notes**

——————————————————————

——————————————————————

——————————————————————

——————————————————————

——————————————————————

——————————————————————

Date ——— / ——— / ——— Time ———

Location ————————————————

Telescope ————————————————

Sky Conditions ————————————————

Object ————————————————

**Finder**

**Field Dawing**

**Low Power**

**High Power**

| Mage: | Eyepiece: |
|-------|-----------|
| Fov: | Filter: |

| Mage: | Eyepiece: |
|-------|-----------|
| Fov: | Filter: |

**Notes**

Date ——— / —— / —— Time ———

Location ——————————————

Telescope ——————————————

Sky Conditions ——————————

Object ——————————————

Finder

Field Dawing

Low Power

High Power

| Mage: | Eyepiece: |
|-------|-----------|
| Fov: | Filter: |

| Mage: | Eyepiece: |
|-------|-----------|
| Fov: | Filter: |

Notes

Date ——— / ——— / ——— Time ———

Location ———————————

Telescope ———————————

Sky Conditions ———————————

Object ———————————

Finder

## Field Dawing

Low Power

High Power

| Mage: | Eyepiece: |
|-------|-----------|
| Fov:  | Filter:   |

| Mage: | Eyepiece: |
|-------|-----------|
| Fov:  | Filter:   |

## Notes

_____

_____

_____

_____

_____

_____

Date ——— / —— / ——— Time ———
Location ————————————
Telescope ————————————
Sky Conditions ————————————
Object ————————————

Finder

Field Dawing

Low Power

High Power

| Mage: | Eyepiece: |
|-------|-----------|
| Fov: | Filter: |

| Mage: | Eyepiece: |
|-------|-----------|
| Fov: | Filter: |

Notes

_____
_____
_____
_____
_____
_____

Date ——— / —— / ——— Time ———
Location ————————————————
Telescope ————————————————
Sky Conditions ————————————
Object ————————————————

**Finder**

**Field Dawing**

Low Power                         High Power

| Mage: | Eyepiece: |
|-------|-----------|
| Fov:  | Filter:   |

| Mage: | Eyepiece: |
|-------|-----------|
| Fov:  | Filter:   |

**Notes**

Date ——— / —— / ——— Time ———

Location ————————————————

Telescope ————————————————

Sky Conditions ————————————————

Object ————————————————

**Finder**

**Field Dawing**

Low Power                           High Power

| Mage: | Eyepiece: |
|-------|-----------|
| Fov: | Filter: |

| Mage: | Eyepiece: |
|-------|-----------|
| Fov: | Filter: |

**Notes**

|  |  |  |  |
|---|---|---|---|
|  |  |  |  |
|  |  |  |  |
|  |  |  |  |

**Finder**

Date ———— / ——— / ———— Time ————————

Location ————————————————————

Telescope ————————————————————

Sky Conditions ————————————————————

Object ————————————————————

**Field Dawing**

Low Power                    High Power

| Mage: | Eyepiece: |
|---|---|
| Fov: | Filter: |

| Mage: | Eyepiece: |
|---|---|
| Fov: | Filter: |

**Notes**

————————————————————————————
————————————————————————————
————————————————————————————
————————————————————————————
————————————————————————————
————————————————————————————

Date ——— / —— / ——— Time ———

Location ————————————

Telescope ————————————

Sky Conditions ————————————

Object ————————————

Finder

Field Dawing

Low Power

High Power

| Mage: | Eyepiece: |
|---|---|
| Fov: | Filter: |

| Mage: | Eyepiece: |
|---|---|
| Fov: | Filter: |

Notes

————————————————————————
————————————————————————
————————————————————————
————————————————————————
————————————————————————
————————————————————————

Finder

Date ——— / —— / ——— Time ———
Location ————————————————
Telescope ————————————————
Sky Conditions ————————————————
Object ————————————————

## Field Dawing

Low Power

High Power

| Mage: | Eyepiece: |
|-------|-----------|
| Fov: | Filter: |

| Mage: | Eyepiece: |
|-------|-----------|
| Fov: | Filter: |

## Notes

Printed in Great Britain
by Amazon